T0395011

¡Brrrum!

Los BMW

por Mari Schuh

Bullfrog
en español

Ideas para padres y maestros

Bullfrog Books permite a los niños practicar la lectura de textos informativos desde el nivel principiante. Las repeticiones, palabras conocidas y descripciones en las imágenes ayudan a los lectores principiantes.

Antes de leer
- Hablen acerca de las fotografías. ¿Qué representan para ellos?
- Consulten juntos el glosario de las fotografías. Lean las palabras y hablen de ellas.

Durante la lectura
- Hojeen el libro y observen las fotografías. Deje que el niño haga preguntas. Muestre las descripciones en las imágenes.
- Léale el libro al niño o deje que él o ella lo lea independientemente.

Después de leer
- Anime al niño para que piense más. Pregúntele: ¿Has visto un BMW? ¿De qué color era?

Bullfrog Books are published by Jump!
3500 American Blvd W, Suite 150
Bloomington, MN 55431
www.jumplibrary.com

Jump! is a division of FlutterBee Education Group.

Library of Congress Cataloging-in-Publication Data is available at www.loc.gov or upon request from the publisher.

ISBN: 979-8-89662-157-7 (hardcover)
ISBN: 979-8-89662-158-4 (paperback)
ISBN: 979-8-89662-159-1 (ebook)

Editor: Jenna Gleisner
Designer: Anna Peterson
Translator: Annette Granat

Photo Credits: Sjo/iStock, cover; Valdis Skudre/Shutterstock, 1, 22; breezeart.us/Shutterstock, 3; Brandon Woyshnis/Shutterstock, 4, 20–21; Gabriel Nica/Shutterstock, 5; saiko3p/Shutterstock, 6–7; pingebat/Shutterstock, 8–9; Maksim Safaniuk/Shutterstock, 10; manfredxy/iStock, 11; Lilia Bila/iStock, 12 (beans); Evgeny Karandaev/Shutterstock, 12 (plate); rebinworkshop/Shutterstock, 12–13, 23bm; Mau47/Shutterstock, 14, 23tr; Tramino/iStock, 15, 23br, 24; carsguru/Shutterstock, 16–17 (foreground); ABCDstock/Shutterstock, 16–17 (background); BONDART PHOTOGRAPHY/Shutterstock, 17, 23bl; Wing Lun Leung/Alamy, 18–19; testing/Shutterstock, 23tl; ThamKC/Shutterstock, 23tm.

Printed in the United States of America at Corporate Graphics in North Mankato, Minnesota.

Tabla de contenido

Autos chéveres

¡Mira!

Es un BMW.

A los autos BMW les dicen *bimmers*.

El primero fue hecho en 1929.

¡Eso fue hace casi 100 años!

¡Guau!

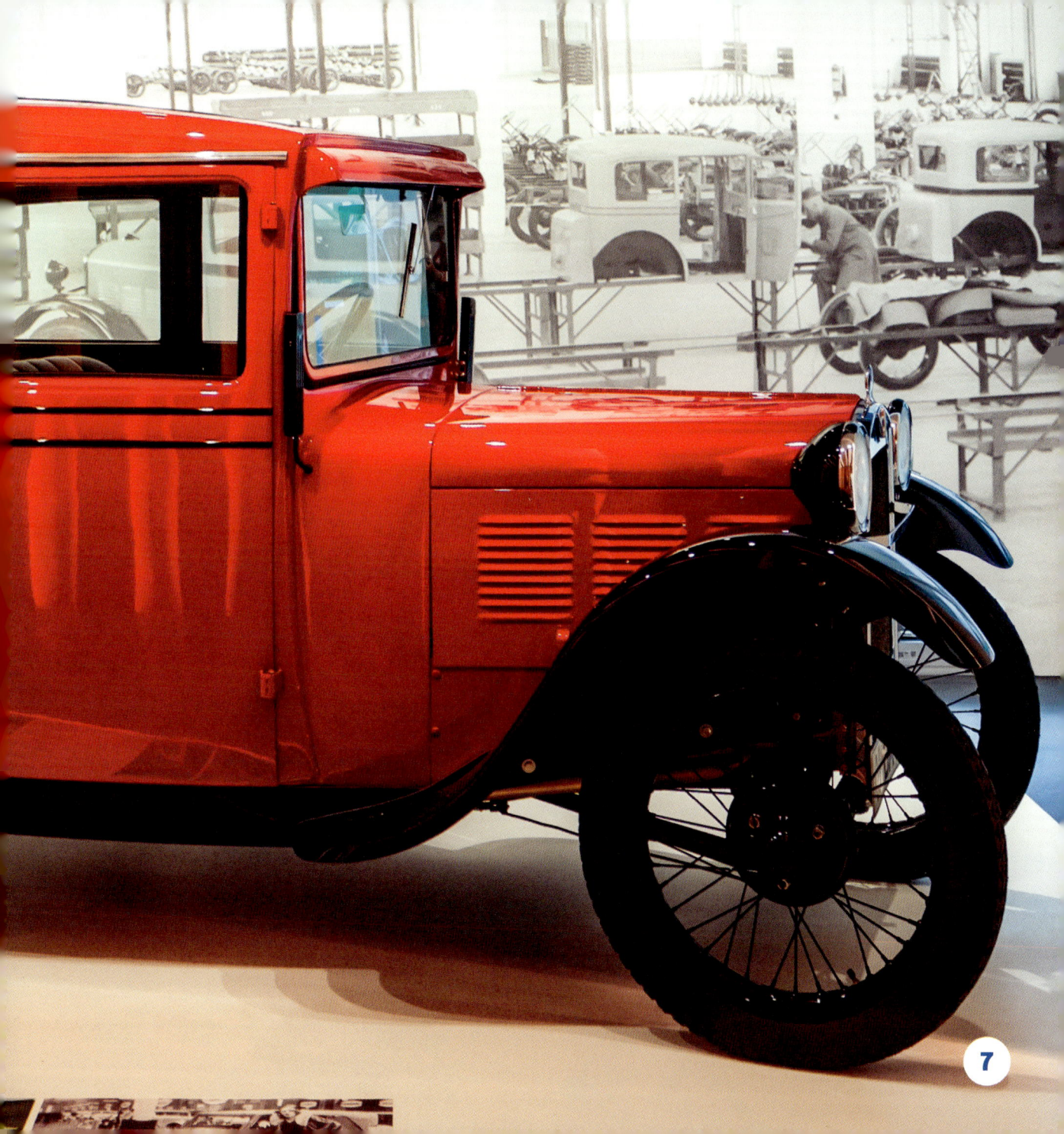

Fueron hechos por primera vez en Bavaria.

Esto queda en Alemania.

ESLOVAQUIA

HUNGRÍA

RUMANÍA

SERBIA

Mira el **logo**.
Es azul y blanco.
¿Por qué?

logo

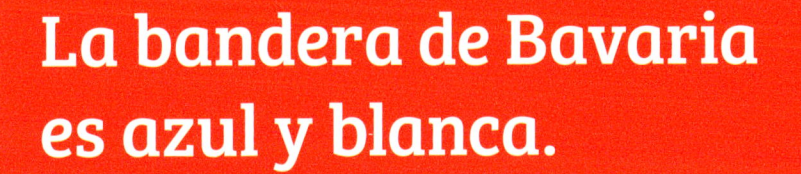

La bandera de Bavaria es azul y blanca.

Mira la **parrilla**.

Parece dos riñones.

Los frijoles rojos tienen la misma forma.

frijol rojo

parrilla

Hay muchos **modelos**.
El M2 compite.
¡Qué divertido!

El X5 es un **SUV**.

El XM es todo potencia.

Tiene un **motor** fuerte.

¡Brrrum!

motor

¡El iX es **eléctrico**!

Los BMW son chéveres.

¡Son rápidos!

¡Vamos!

Las partes de un BMW

¡Un modelo BMW Serie 4 2024 puede alcanzar más de 180 millas (290 kilómetros) por hora! ¡Échales un vistazo a las partes de un BMW!

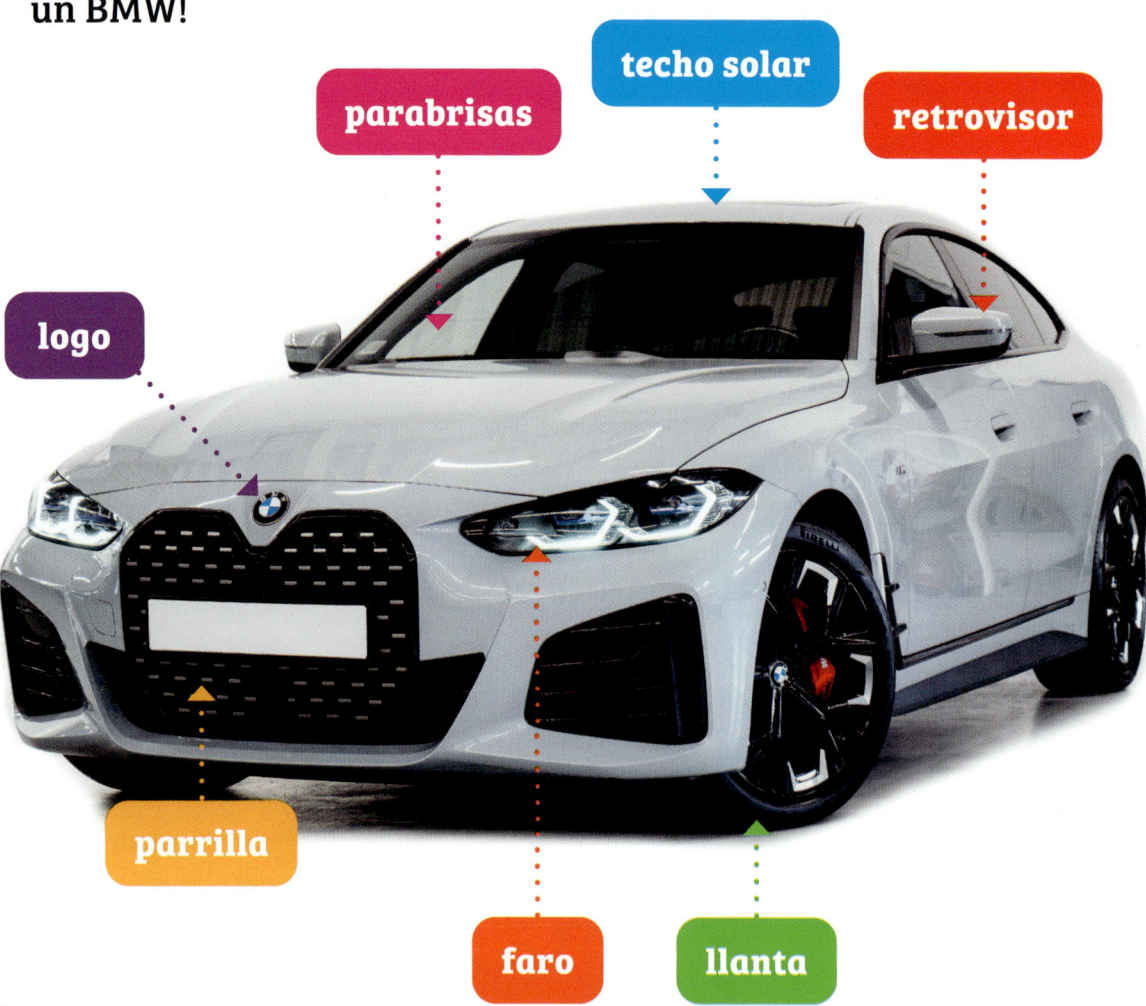

parabrisas

techo solar

retrovisor

logo

parrilla

faro

llanta

Glosario de fotografías

eléctrico
Que usa electricidad para encenderse.

logo
Un símbolo que representa una compañía.

modelos
Tipos o diseños particulares.

motor
Una máquina que hace que algo se mueva con gasolina u otra fuente de energía.

parrilla
Una malla en la parte delantera de un carro. Una parrilla deja entrar aire para enfriar el motor.

SUV
Abreviatura en inglés de vehículo utilitario deportivo. Un auto que se puede manejar donde no hay carreteras.

Índice

Para aprender más

Aprender más es tan fácil como contar de 1 a 3.

❶ Visita **www.factsurfer.com**

❷ Escribe "**LosBMW**" en la caja de búsqueda.

❸ Elige tu libro para ver una lista de sitios web.